그대 그리움 눈물이 되어

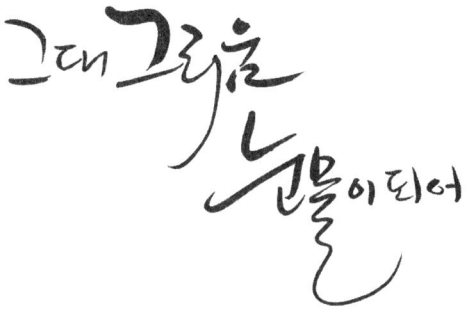

엄 경 덕 시집

청 옥

시인의 말

　세월이 삼십여 년 흘러도 마음속에 자리한 어머니를 잊지 못하는 나를 글로서 보답이라도 하듯이 이제 두 번째 시집을 발표합니다.
　처음에는 시인의 목적이 시집을 내어야 한다는 여린 마음에서 졸작을 선보였고 이제는 중년의 나이에 다시 그리운 어머니를 위해 제2 시집을 선보입니다.
　문학을 한지가 10여 년, 아직 시인이라고 할 수는 없지만 두서없이 쓴 글을 선보여야 한다는 생각에 두려움이 앞섭니다.
　문학을 동경하고 사랑했던 시절에는 졸작이지만 모든 작품이 나에겐 정말 소중한 글이었습니다. 지금 돌이켜 생각하면 웃음만 나오지만, 문학에는 왕도가 없습니다.
　다시 3권을 내고 10년 후에 다시 바라본다면 웃음이 나올 것입니다.
　하면 할수록 어려운 게 글을 쓰고 이해한다는 것입니다.
　첫 시집의 제목이 「오늘 만난 당신」입니다. 내용과 동떨어진 제목 같지만, 꿈속에서 만난 어머니의 그리움이라 더욱 멋지게만 느껴집니다.

제2 시집의 제목도 어머니를 연상해서 지어본 것입니다. 「그대 그리움 눈물되어」 사람은 태어나 슬픔이 있다면 가족과의 이별입니다. 어린 나이에 작별이라 생각했던 일들이 나에겐 죽음으로 다가오는 순간들이 잊혀지지 않습니다.

어머니와의 이별은 다시 만남의 순간들로 승화시켜 보려 하지만 이제 세월이 흘러 나의 검은 머리에도 흰머리가 보이기 시작하고 주름이 생긴다는 것이 자연의 이치를 어길 수가 없고 생각의 깊이에서 그 시절에 묻어나는 젊고 예쁜 어머니를 글로서 그려 보려합니다.

거의 8년 만에 제2 시집이 발간되었지만 소중한 보물을 얻었으니 더욱 열심히 문학의 깊이를 배워보려 합니다.

저의 글을 오래전에 서평 하셨던 고 문병란 교수님께 다시 한 번 깊은 감사를 드리며 저를 묵묵히 지켜 주었던 청옥문학사 최경식 선생님과 부산 청옥문학협회 부회장 박선옥 선생님과 관계자 여러분께 감사의 말씀 올립니다.

지금까지 저를 믿어준 아내, 그리고 아들 준원, 딸 유진에게도 고맙고 사랑한다는 말 전하고 싶습니다. 대단히 감사합니다.

2015년 12월
저자 장민 엄경덕

차례

제1부 그리움

13 • 3차원의 세계
14 • 겨울풍경
16 • 고뇌苦惱
18 • 가을꽃
19 • 고독
20 • 광대
21 • 그녀의 모습
22 • 그대 그리움 눈물 되어
23 • 그리움
24 • 기다림
25 • 기억記憶
26 • 길 잃은 나그네
27 • 꿈속에서
28 • 난 너에게
29 • 모나리자
30 • 묻어버린 상처
32 • 모정慕情의 세월
33 • 새벽을 여는 사람들
34 • 수발사 가는 길
36 • 그리운 시절

제2부 사랑

목련 • 39
목련의 미소 • 40
백연꽃 • 41
봄 1 • 42
봄비 2 • 43
봄의 교향곡 • 44
봄의 나래 • 45
봄의 뜨락 • 46
봄이 오는 소리 • 47
가을꽃 • 48
사랑의 종착역 • 49
선돌立石 • 50
홍매화 • 51
해동 용궁사 • 52
흑백사진 • 53
흔적 • 54
시골 장터 • 55
속사랑 • 56
덕유산 • 57

제3부 삶

61 • 망각의 세월
62 • 만선滿船
64 • 삶
65 • 선생님
66 • 소망
67 • 숨죽인 가을
68 • 아버지
70 • 야들아
72 • 시계바늘
73 • 열매
74 • 인생행로人生行路
75 • 일탈逸脫
76 • 몽상
77 • 방황의 흔적
78 • 슬픈 언약식
79 • 희망希望 1
80 • 희망希望 2
81 • 시간 여행
82 • 당신
83 • 봄의 세상
84 • 그날 그 시절에

제4부 추억

6월의 회상回想 • 87
오늘만난 당신 • 88
빈의자 • 89
산소山所 • 90
송아지 • 92
수변공원 • 94
자연의 향기 • 95
주인공 • 96
천룡사 • 97
첫눈 • 98
추억 1 • 99
추억 2 • 100
친구 • 101
침묵의 시간 • 102
코스모스 • 103
판자촌 • 104
그녀를 사랑하고도 • 105
경천대에서 • 106
마을 어귀 • 108
장산의 새벽 • 109

해설 | 그대 그리움 눈물이 되어 - 문병란 • 110

제1부

그리움

3차원의 세계

자욱한 안개 넘어 3차원의 세계
산등성이 보다 우뚝 솟은 빌딩 숲
구름 위에 걸려있다

지상에서 바라본 사람들의 움직임
개미들 줄지어 가듯 신비하지만
자연의 섭리를 거역한다

인류와의 전쟁에 소용돌이친
거대한 문명의 문화 속에 자리한
지구인의 삶은 어디에 있을까

하루하루 늘어선 빌딩 숲 장대함
지상의 낙원이 아닌 지옥 속에 살아가는
가여운 운명들의 몸부림

산등성이 걸쳐 앉은 빌딩 숲
살아 숨 쉬는 인간의 흐느낌
멍든 자연인의 죽음이 다가온다

겨울풍경

눈 내리는 세상 온통 하얗게 싸여만 가고
바람불어 떨어지는 솜방망이
찬바람 여운을 남긴다

빗물은 떨어져 파동을 일지만
새하얀 눈꽃송이 도화지에
화려한 거리의 그림을 수놓는다

화가의 작품보다 웅장하고
자연의 순리에 순응하듯 미끄러져
내려온 붓 자국은 온통 대작을 만든다

움 츠 거리는 사람들 사이로
하늘을 우러러 울부짖는 풀벌레의 몸짓
떨어지는 눈꽃송이를 아는 듯
미소 머금고 울어댄다

벌거숭이 고목에 쌓인 눈꽃송이
어느덧 집을 짓는 목수가 되고
쌓여만 가는 눈밭에 뒹구는 강아지
자기 세상 만나듯 지칠 줄 모른다

까마귀 산 입에 거미줄 치듯 깍 울어대고
굴러 내리는 눈 뭉치 지칠 줄 모르고
먹이 찾아 헤매는 노루 놀란 가슴 움켜쥐고
까마득한 산등성이 뒤로 한 채 줄행랑이다

눈 내리는 들판에서 바라보는 그리움
잠시 사색에 잠기어 돌이켜 보건대
얼었던 가슴 동심으로 돌아간다
아! 옛날이여…

고뇌苦惱

광대도 나팔수도 아닌 허수아비
느닷없이 불어오는 소용돌이 속에
쉼 없이 빨려드는 무의미한 존재

갈 길 잃은 슬픔을 안고
멀리서 불어오는 순풍順風을 벗 삼아
어디론가 떠나고 싶지만
마음 내려 줄 곳 없는 외로운 방랑자

꿈을 머금고 살아야 하는 인생살이
무엇하나 바른 것이 없어
세월의 흐름에 타는 가슴 속 태운다

나약한 존재임을 깨닫고
힘없이 좌절과 고통 속에서
헤매야 하는 존재의 의미는 무엇인가

쉴새 없이 돌고 도는 물레방아처럼
여린 한구석 떠나 버리고 싶은 여정
어디에 마음 내려 둘까

맑은 하늘에 비치는
광활한 대지에 피어나는
한 송이 예쁜 꽃처럼
환한 세상에서 꿈을 안고 살고 싶다

가을꽃

붉은 꽃잎에 내려앉은
영롱한 구슬 같은 이슬방울
태양 빛에 어우러져
새로운 새싹을 잉태하고
환한 미소로 세상을 반긴다

곱게 눌러앉은 가을꽃은
세월의 무색함을 알지 못하고
화려한 미소 지으며
새 생명의 아름다움을 품는다

늘어선 꽃잎마다
수려함이 가득하고
잠자리떼 노닐던 자리엔
행복 가득 사랑을 심는다

봄꽃의 화려함보다
아름다움을 전하는
가을꽃 미소에 어린 마음
달래본다

고독

지금 내 앞에 시간은 흐르지 않는다
정지된 뇌세포가 죽어가듯
공허한 시간 속에 그림을 그려본다

인생의 허무함보다
삶이 즐거운 날을 그려보고
지난날 아픔보다 미래의 모습을 생각한다

수없이 돌고 도는 인생살이
종착역이 어딘지 모르게 달려온 시간
지금 나에게 얻은 게 무엇인가

앞으로 살아야 할 인생역정
헤쳐나가야 할 삶
주어진 생활에 만족하지 못하고

지친 모습으로 바라본 세상
멋진 미래와 행복을 위해
마음을 내리려 한다

광대

어두운 거리를 나 홀로 거닐면
스산한 바람에 나려드는 낙엽은
어디선가 수북이 쌓여만 가고
엉켜버린 울음소리에
마음 내려놓는다

흐르는 시간 속에 묻어버린
상념에 지쳐버린 모습은
외로이 떨어져 날려버린
잎사귀처럼 처량한 자태

울부짖는 무리 속에 수 놓인
음률의 기억 속에 사라진 그림자
오늘도 홀로 걷는 길에서
어릿광대가 되어본다

그녀의 모습

겨울비 내리는 벤치에 앉아
가로등 불빛 아래 머물고 있는
사랑의 아름다움에 마음을 내려놓는다

분주히 오가는 사람들 사이로
우산 속 그녀의 그리움 묻어나는
미소진 모습이 아련하게 밀려든다

검푸른 하늘에 눈물처럼 떨어지는
주옥같은 빗방울 소리가 울음으로 퍼져오고
거닐던 거리에 머뭇거린 그녀의 모습을 그려본다

해줄 것이 많은 그녀의 그리움에 눈물 짓고
사랑으로 승화시키지 못한 아름다움은
가로등 아래 머무는 그림자처럼
살포시 미소 띠며 눈물지어 본다.

그대 그리움 눈물 되어

추풍秋風이 지칠 줄 모르고 날 때면
검붉은 잎사귀 사방으로 날갯짓하고
가슴 주린 슬픔을 간직해 봅니다

어디선가 달려올 것 같은 그리움
사방을 둘러봐도 차가운 여운餘韻 만이 맴돌고
소리 없이 내리는 눈물로 흐느껴 보네요

함께 지내온 세월보다
떨어져 지낸 시간 속에
당신을 보내고 기다린 추억은
기억에서 멀어져 버린 지 오랩니다

중년의 기억 속에 묻어버린 그리움
언제나 마음속에 간직한 체 눈물 되어
오늘도 당신을 그려 봅니다

그리움

길게 늘어진 육체의 향내는
언제나 그리움으로 쌓여만 가고
우뚝 솟은 산등성이서 바라본
움푹 팬 그곳은
자연이 만든 오아시스입니다

당신을 흐느껴 볼 때면
새로운 세상을 맞이하는 사람들처럼
순수한 사랑으로 남아 있는
당신의 고운 향기입니다

당신 향한 나의 손길은
사랑과 그리움으로 가득 차 있고
행복한 미소를 띠어 봅니다

물처럼 맑고 깊은 영혼 속에서 헤맬 때면
사랑의 종착역은 어디인지
다시 한 번 찾아 나서 봅니다

가까이에서 바라볼 수 없는 그리움
손끝에서 느끼는 따뜻한 사랑
당신과 나를 위한 사랑이 되고 싶습니다

기다림

추풍秋風 스산하게 불어오면
겨울을 재촉하는 찬바람에
옷깃을 여미우고 움츠린 마음은
시린 살갗은 데운다

말라버린 나뭇가지에 나뭇잎은 떨어져
검붉게 내려앉은 낙엽은 바람에 휘날리고
거리는 온통 뒹구는 노을빛 천국이다

가을을 시샘하는 겨울의 흐느낌
움츠린 사람들로 깃대를 세우고
스쳐 간 시간 속 흐름에 발길을 돌리고
바라본 가을의 잔해
벌써 겨울이 왔나 보다

기억 記憶

철로 위를 걷는 삶의 무게
뒤흔드는 햇살의 흔들림
터널 속 긴 여정旅情을 여미어 오고

살갗을 태우는 가슴속 쓰라림
밤낮을 모른 채 헤매는 여행길
시간의 흐름을 바꾸어 놓았습니다

어느덧 세월의 무상함에 묻혀
그날의 아픈 보따리를 풀어놓고
슬픔의 길목에 머물러 봅니다

황금빛 빛나는 미소 속에
아픈 마음 내려 둘 수 없고
기댈 수 없는 전신全身은
허수아비에 불과했습니다

두 손 마주 잡고 일어선 그곳은
힘들고 낯선 일상日常이 되었지만
세월속 종착역에 머물고 있습니다

길 잃은 나그네

슬픔으로 가득 찬 하늘 아래
금방이라도 쏟아질 듯
아픈 가슴 지어 잡고
눈물로 보낸 시간 걷잡을 수 없어
작은 마음 내려 둘 곳 없는 길 잃은 나그네

세월의 흐름은 어느덧 잡을 수 없는
허공 속에 머물러 지나온 시간 속
초라함에 잠시 머물러 본다

먼 산 바라보며 꿈을 그렸고
불어오는 바람 속
아픈 상처 날려보건대
지나온 추억에 머물러 있는 기억은
아픔만이 남아 있다

초라한 모습 간직한 채 돌아선
가슴 여미는 눈물 머금고
행복 찾아 떠나는 방랑자
그대 곁에 머물고 싶어라

꿈속에서

살아 숨 쉬는 꿈같은 세월
빛나는 눈으로 바라본
거대한 물결 같은 그리움

대청大廳에서 바라보는 논두렁
파도에 밀려 다가오는 그림자
출렁이는 파도를 안고 달려드는
검은빛 그을린 두 눈

놀란 가슴 안고 안아 버린 거경巨鯨
깨어나 둘러본 사방
고요함에 숨죽인 귀뚜라미 소리
귓가에 맴도는 파도소리
꿈속을 헤매는 길잃은 나그네

시간 속에 멈추어 버린 세월
조그마한 그리움
몽상夢想에 잠긴 나를 깨운다

난 너에게

소리 없이 다가오는 고요함
창틈으로 스며드는 차가운 바람
텅 빈 가슴속 허무한 마음은
차가운 서리처럼 내려앉는다

곁에 머물고 있어도 먼 그림자처럼
지나온 시간 속 온기를 느낄 수 없고
차가운 시선만이 맴도는 거리
머물 수 있는 자리가 어디인가

가로등 등불 아래 머물러
고이 접은 실타래를 읽어 내릴 때
슬픔만이 감도는 깊은 마음의 상처
그리움에 마음을 내려본다

깊은 밤 반짝이는 별빛의 속삭임에
차가운 마음 내려두고
시간 속 그리움 미소 띄워보고
새로운 자신을 돌아보려 한다

모나리자

거울에 비친 미소 아름답지만
당신의 모습은 벽장에 화려하게
수놓은 작은 그림입니다

길게 늘어선 농가를 뒤로한 채
삶의 아름다움을 느끼게 하지만
화폭에 그려진 웃음진 모습은
시대의 명품입니다

21c에 그려놓은 화가의 마음은
시를 읊어가듯 선의 윤곽을
뚜렷하게 수 놓았습니다

살아 숨 쉬는 화려한 아름다움에
눈을 마주칠 때 마다 가슴 졸여 오지만
당신의 고운 미소는 명작입니다

묻어버린 상처

가슴에 새긴 사랑
내 곁에 다가와
지난날 아픔으로 돌아선
뒤안길을 돌아보고
다시 한번 사랑을 갈망하려 한다

마음속에 묻어둔
가냘픈 나의 몸은
지쳐서 스러져 버리고
되돌릴 수 없는 사랑 앞에
가슴으로 통곡한다

잊으려 하는 마음
아픔을 되새기는지
사랑의 상처로 남아
멀리 아늑한 잿빛으로
긴 세월 속에 잠기려 한다

노을빛 저무는 저 언덕
가슴에 사무치는 마음두고
사랑을 갈망했던 아픈 사연
저 멀리 홀연히 사라지는
언덕 너머 아픔의 상처를 보낸다

모정慕情의 세월

천만리 걸어온 피탈진 지름길
어깨에 짊어진 힘겨운 희로애락
시간 속 삶에 지쳐버린 가냘픈 모습

찬 서리 맞으며 걸어온 여정旅情
풀잎에 내려앉은 영롱한 이슬
그리움에 비추어진 모습

하늘에 닿을듯
덩굴 채 말려 버린
과거의 흔적들

호수에 잠긴 잔별 하나 둘
내 품에 안아 보건대
흘러버린 모정母情의 세월
외로움만 더해 간다

새벽을 여는 사람들

검푸른 파도 붉게 물든 태양
그 안에 속내 보이며
출렁이는 영롱한 파도소리
귀담아 들려오는 인생사 얘기
갈매기 목말라 떼 지어 날아
하얀 연기 품고 떠나는
어정漁艇에 눌러 앉아
망망대해 친구 되어 가네

수평선 넘어 끝없는 길 나선
태양빛 조아려 뱃길 떠나온
사방 물빛 빛나는
사막 같은 오아시스
그곳에 닻 내려 손맛 보는 사공
힘차게 울려오는 풍악 같은 내음
만선에 들려오는 그 소리
멀리서 들려오는 그 소리
마음 안에 잠기어
내일을 기약할
새벽을 여는 사람들

수발사 가는 길

황토먼지 휘날리는 새벽
마음속 깊은 상념에 잠기어
눈물 머금고 가던 꼬부랑길

온몸을 휘감는 차가운 바람
다 말라버린 낙엽 떨어뜨리고
긴 밤 재촉하듯 무거운 발걸음 딛고
멀리서 들리는 종소리 귀담아
걸어가는 비탈진 언덕

물소리 잔잔한 길목에서
달려가는 마음은 무겁고
산새 소리 울음에 마음 다 잡는다

온갖 풀벌레 소리에 귀 쫑긋 세우고
사방 둘러보니 적막함이 감도는데
가도 끝이 없는 미궁 속에서 헤매는
수발사 가는 길이 그립다

개울가 떠내려가는 풀잎처럼
길 잃은 사람들의 아우성에
보이지 않는 저 먼 산길을 걸어
도착한 하늘 아래 작은 쉼터

목탁소리 염불 소리 등에 업고
돌아본 그 길은 그리움에 눈물이
서려 있는 작은 옹달샘
다시 그 길을 걷고 싶다.

그리운 시절

가슴 메아리로
하늘가에 울리는 그리운 소리
기억 속 유년의 길목은 늘 분주하다
신문배달 소년의 분주한 외침
재첩국 장사 아주머니
두부장수 아저씨의 종소리
중년의 문턱에서도 지워지지 않는
간간히 그리움의 경적을 울리는
그리운 소리들이 꿈으로 머문
가을날의 바람에는 추억이 담겨있다.

제2부

사랑

목련

백의白依도포道袍둘러 입고선
꽃봉오리 미소 지을 때
화려한 모습이 봄으로 전해오고

빗방울 나뭇가지에 눌러
활짝 핀 아름다움 전하고
화려함에 피어난 모습
가는 발걸음 붙잡는다

깃기바람 사이로 봄 향기 느끼고
겨울을 이겨 품어내는 자태에
고이 접어 펼친 미소에 마음 담는다

목련의 미소

창문 넘어 살포시 미소 짓는
순백의 아름다움
하얀 속살 드러내며
봄의 향내 드리운다

꿈속에서 피어나는
화려한 꽃잎을
온몸에 두르고
꽃가루 가득 여미온 자태를
뽐내고 있다

꽃봉오리 가득한 모습에
꽃 나비 황홀함에 춤추고
꿀벌에 노랫소리 가득하다

새색시 봄의 전령사 되어
웃음 짓는 모습은
활짝 피어나는 봄꽃의
화려함에 살며시 내려앉는다.

백연꽃

초록 하늘 아래 길게 뻗은
어머니 뽀얀 속살
숨죽이듯 고요함에 묻어
살포시 가슴을 열어 봅니다

하얀 도포 몸에 두르고
선녀처럼 사뿐히 내려앉은
자태는 꽃봉오리 활짝 핀
아름다움에 젖어 있습니다

이슬 꽃망울에 비친
웃음 짓는 모습은
보석과도 바꿀 수 없는
순박한 자연의 미소입니다

노란 꽃잎 가슴 가득
한 아름 움켜쥐고
붉어져 가는 태양빛 아래
고운 미소 훔치고 갑니다

봄 1

매서운 한파를 비웃듯
매화꽃 동백꽃 아름다운 자태가 만발하고
꿀벌의 울음에 봄은 내려앉는다

얼었던 고드름 끝자락
물방울 녹아내리고
방울방울 떨어지는 자리엔
새싹의 숨소리가 들려오고
깨어진 냇가의 물소리는 봄을 알린다

텃밭의 아낙네들 손놀림 빨라 오고
새싹의 향기는 봄을 알리는 전령사 되어
추위에 움츠린 잔해를 토해내고
꽃망울 가득한 자연의 아름다움에 머물고 있다

봄비 2

이슬처럼 내려앉는 영롱한 구슬 옥
새벽잠 깨우는 소리에
살며시 창을 열고 바라본다

여인의 눈물처럼 내리는 빗소리는
마음 설레며 기다리는 나그네의
미소를 밝혀주고
굳어버린 대지를 밝혀 준다

땅속에 숨어 버린 새싹은
어느덧 하얀 속살을 들어내고
봄기운을 맞이한다

먼 산 위 자욱한 안갯속
산새 소리 물소리 어우러져 퍼져오고
살며시 고개 든 풀벌레 소리는
지친 마음을 달래준다.

봄의 교향곡

겨울을 품에 안고 고개를 내밀어 볼 때면
얼었던 땅속을 뚫고 노란 새싹 피어나고
말라버린 낙엽 속 향내 가득한 봄꽃 기지개를 켠다
계곡에 흐르는 두꺼운 얼음 녹아내리고
봄을 알리는 교향곡 산너머 울려 퍼진다
시린 코끝은 추위에 붉어만 가고
봄은 왔지만, 자연의 이치에 속살 움츠려 있다
햇살에 얼어붙은 대지 녹아내리고
솜사탕처럼 얼어버린 땅속 사이로
긴 한숨에서 깨어난 버들강아지 두 손 반짝 들어
봄의 기운을 알린다
겨울의 끝자락
푸르게 피어난 새싹의 웃음에 봄나들이 나서고
냇가의 버들가지 봄소식 전한다

봄의 나래

추위에 땅을 박차고 나온 새싹
어둠에 물든 갈등으로 일그러진
성숙하지 못한 나약한 존재

겨울에 얼어붙은 가라진 틈새
새 생명의 싹이 움틀 거리고
이제 완연히 성숙한 자태를 알린다

얼어붙은 가지에 물방울 떨어져
땅속 깊은 곳 봄을 알리는 전령사 되어
개구리 깊은 잠을 깨우고

얼어붙은 강가에 흐르는 미소
봄꽃에 어우러진 겨울의 잔재
바람에 날려오는 봄의 향내
내 곁에 살포시 내려 앉는다

봄의 뜨락

아침이슬 머금고 찾아온 까치의 울음
평온한 일상의 무거운 마음 내려주고
먼 산 언저리 고목 아래
세상의 희로애락을 알리는
노랫가락 펼친다

조상의 숨결이 피어나는 곳
봄의 향기 그윽한 뜰에는
산새 울음과 봄꽃 노래가 전해오고
모퉁이 간결하게 늘어선 가지에는
활짝 핀 꽃봉오리 열렸다

넝쿨에 말려버린 가냘픈 향기
뼛속을 파고드는 가시덤불
붉은 미소 머금은
활짝 핀 모습이 아름다워
만개한 꽃잎 두손 모아 담는다

길게 늘어선 담벼락마다
마음 속 사랑은 북돋고
바람불어 휘날리는 잎사귀
가슴에 담아 깊은 영혼 간직하리

봄이 오는 소리

자그락 부드득 얼음 깨지는 소리
부시시한 눈으로 바라본 햇살
포근한 마음으로 감싸주고
새로운 열망으로 하루를 맞는다

찌그러진 땅속의 겨울은
얼어버린 흙을 헤집고 나오는
땅벌레 땀방울을 알지 못하고
한 줌 한 줌 떨어지는 잔해를
등지고 힘겨운 봄을 느낀다

산 새 울음에 꽃망울 피고
흐르는 물소리 잔잔한 파동은
일어서는듯 바라보는 새싹의
향기로운 생명을 전한다

새로운 탄생을 알리는 울음에
마음속 발길은 바빠 오고
울어대는 어미의 고함에
놀란 봄은 성큼 다가와
내 곁에 살며시 머문다

가을꽃

붉은 꽃잎에 내려앉은
영롱한 구슬 같은 이슬방울
태양 빛에 어우러져
새로운 새싹을 잉태하고
환한 미소로 세상을 반긴다

곱게 눌러앉은 가을꽃은
세월의 무색함을 알지 못하고
화려한 미소 지으며
새 생명의 아름다움을 품는다

늘어선 꽃잎마다
수려함이 가득하고
잠자리떼 노닐던 자리엔
행복 가득 사랑을 심는다

봄꽃의 화려함보다
아름다움을 전하는
가을꽃 미소에 어린 마음
달래본다

사랑의 종착역

그리움의 손길로 다가서면
문득 멀어지는 그녀의 모습
사랑의 숨결 느끼고 싶어 눈물 지을 때면
점점 사라지는 먼 그림자

행복한 순간 그리움으로 남아
미소 짓는 모습은 하루의 일상이 되었지만
과거의 시간에 머물고 싶다

생각이 머무른 공허함
갈등의 시간이 지난 후에
사랑이 없었음을 깨달았다

황홀한 추억의 책장을 넘기며
지나온 사랑은
갈등과 눈물로 지새웠고

머물러야 할 종착역은
어디쯤 있는지
흐르는 구름 속에 마음을 담아본다.

선돌立石

녹색의 푸름으로 가득 찬
서강西江의 아름다움
층암절벽을 두 갈래로 갈라놓은
우뚝 솟은 선비의 자태姿態

세월이 흘러도 변함없는 모습
하늘을 찌를 듯 정승 같은 바위
자연의 모습을 그대로 간직한 절경絶景
가슴에 묻힌 고통의 한을
흐르는 강물에 씻어 버린다

푸른 노송 아래 펼쳐진 한 폭의 풍경화
햇살에 비추어진 장엄한 광경
설화를 간직한 지나온 세월
누구를 향한 그리움인가

푸른 물결 서강의 아름다움에
과거 선조의 일상을 회상해 보노라면
하얀 도화지에 담아 놓은
웅장한 모습이 어우러져 있다

선돌의 위치: 강원도 영월군 방절리 산 122번지

홍매화

달빛 아래 소복이 내려앉은
붉은 앵두 같은 봄의 전령사
서로를 비웃듯 미소 띤 모습이다

활짝 핀 향기에 머물다
새색시 옷깃을 여미는 자태에
탐스럽고 동그라진 눈망울

바람에 움츠린 여인의 속살처럼
가녀린 꽃잎은 밤새 나부끼고
나비처럼 날아들다 비치는 꽃잎은
고운 여인의 입술이려나.

해동 용궁사

용궁사 절경은 천지를 바라보고
힘찬 파도와 물결은 바위를 내리치듯
하늘과 맞닿는다

검푸른 파도와 바위의 조화는
자연의 이치와 순리에 순응하며
황홀함을 느낀다

바위에서 바라본 절경은
네온사인 불빛 머금은 듯
화려하고 아름답다

노송을 품고 안은 석불의 자태는
자아실현을 실천하는 모습을
지켜주듯 장엄하다

용트림하는 구름은
용상을 표현하듯 길게 수놓고
우뚝 솟은 위상은
바다를 지키는 수호신 이다

흑백사진

당신 떠난 자리 슬픔으로 토하고
이슬처럼 영롱하게 빛났던 눈길
희망이 가득한 미소로 웃음 짓던 모습은
떨어진 낙엽처럼 사라져 갔습니다

묻어둔 흑백 사진 속 미소 띤 당신
그리움에 멍 던 가슴 눈물로 보내고
가슴으로 메아리치는 아픈 사연
저 산 넘어 힘껏 소리쳐 봅니다

손끝에 머물다간 흔적
사랑의 그리움만 남긴 채
안갯속 추억으로 사라져 가고
오늘도 당신을 꿈꾸고 있습니다

흔적

삿갓 모자 눌러쓰고
황토 이불을 덮은 채
시간 속 긴 잠에서 깨어났다

굴뚝에서 나오는 연기
그 옛날 시골의 향취
생활의 여정에 머물러 본다

뒤뜰에 널어놓은 마른 배춧잎
곱게 비 져진 메주의 자태는
시간의 흔적을 볼 수 있는
시골 사람들의 안식처

소복이 쌓여 있는 흰눈위에
깊게 눌러앉은 발자국은
세월의 흐름을 비웃듯이
항상 그 자리에 숨어 있다

시골 장터

삿갓 모자 곰방대 입에 물고
하얀 도포 둘러 입고선 쓴웃음 지으며
냉큼 잡아선 손 끝에 매달려
시골장터 가던 생각
옛날 향기에 머물러
추억을 되새긴다

시끄러운 장터
멋진 옷맵시 가다듬고
이길 저 길을 둘러보고선
서둘러 간 곳 소싸움터
꽹과리 소리 고함 소리
소들의 힘찬 싸움에
시간 가는 줄 모르고
시골장터 그윽한 냄새에
발길을 멈춘다

우후죽순 늘어선 장터
옛것은 오간 데 없고
지나버린 옛 추억에 사로잡혀
상념에 잠겨서 바라 보건데
바뀐 현실과 과거가 없는
사람 사는 시장터

속사랑

숲이 우거진 아래
길게 뻗은 장승 같은 숯덩이
세상 바라보는 눈빛이 있어
우뚝 솟은 화살 같은
콧날 세워 미소 머금는다

시원하게 늘어선 마디마디
마음속 움직임 한결같아
사방에 잔풀 날리며 내려선
그곳에 머물러 사랑을 속삭인다

황홀한 마음에서 두들기는 소리
가슴속 깊은 곳에 숨죽이고
속삭인 사랑 앞에 쭉 늘어선
그 모양이 아름다워
숨소리 깊이 와 닿는 마음속에
여미어 내 사랑 숨겨 보낸다

덕유산

덕유산 흐르는 물줄기
새벽 사람 붙들어
끝없이 흐르는 자태姿態
선녀의 치마폭

살아 숨 쉬는 거목巨木
능선 손잡아 보이고
구름 속살 가려

그 속에 묻어가는 숨결

백 년의 흐름인가
천 년의 흐름인가
강줄기 흘러 큰 강 이루고
빛 아래 누운 그림자
산등성이 덮어주네

제3부

삶

망각의 세월

세월은 시간을 가로채 버린 지
오랜 침묵이 흘렀고
상념 속에 잠긴 세상을 되돌아 본다

망각은 자유의 날개를 펼쳐
새로운 세상을 꿈꾸고
먼 창공을 비상하려 한다

힘없이 지쳐버린 여정은
가는 발걸음 멈추고
삶의 뒤안길을 되새겨 본다

철없던 시절
온갖 것이 두 눈에 머물고
눈물짓던 생각에
허수아비처럼 지나온
어두운 상처를 내리려 한다.

만선滿船

검푸른 파도
햇살 가득 비추면
넓은 바다의 아침은
눈을 뜨고

갈매기 날아올라
하늘과 맞닿을 듯
창공을 휘날리며
붉은 태양빛
고운 미소 띤다

선상船上 고깃배
고동소리 울리고
출렁이는 바다 위
두둥실 나아가며

대지와 같은 바다에
수놓은 그물망 올려 들면
가슴 가득
환희의 세상을 느끼고

갈매기 모이 찾아
몰려들면 만선 된
선원들의 고함에
미소 가득하다

삶

시련의 끝은 어디인가
세월의 시간에 묻혀
어둠을 갈망하는 존재의 의미는
태양 빛 그을린 두 손으로 마음잡는다

저 넓은 바닷가 출렁이는 파도소리
넓은 대지의 광야를 온통 밝은
세상으로 물들어 버렸다

지옥과도 같은 어둠에서 지쳐버린
그림자를 가슴에 두고 살아온
젊은 육체의 삶을 뒤 흔들어 놓았다

우뚝 솟은 바위의 장대함은
움츠린 어둠에서 희망의 손끝으로
승화시키고 아픔으로 자리한 상처를
환한 등불로 밝혀 준다.

선생님

세월은 흘러도 변함없는 모습
시간 속 그리움에 나를 찾아보지만
당신을 잊기엔 너무나 오랜 시간입니다

추억에 담긴 지난날 모습은
수없이 많은 만남을 보고 싶어 하지만
백발 된 모습에서 세월의 무상함을 느낍니다

주름진 얼굴 검버섯 피어난 모습에서
다시 한번 당신을 그려 보지만
변화된 나의 모습도 돌이켜 봅니다

세월에서 묻어나는 존경의 대상
추억 속 그날 당신의 웃은 진
미소를 떠올려 봅니다

하늘과 같은 사랑은 변함이 없지만
흘러간 그리움은 높게만 보이고
참된 사랑을 실천하는 당신
구름 속 천사입니다

소망

작은 믿음이 무너져 버린 지금
마음속 뒤안길은 어둠에 갇혀 있고
텅 빈 가슴 눈물만이 고여 있다

세월의 무상함은 저 넓은 바다와 같고
지나온 시간은 주름에 남아
초라한 채 머뭇거리고 있다

구름 속에 갇혀버린 태양 아래
광명의 빛줄기 펴져 오는 날은
저 먼 곳에 나의 소망 담아
새로운 날개의 기지개를 켠다

광활한 수평선 저 멀리
한 척의 돛단배 처럼 움직이는 곳에
나의 마음 내려 두고
돌아올 그날을 마음속 깊이 되새긴다

숨죽인 가을

가을이 숨어버린
안개 자욱한 아침
겨울을 시샘하듯
온몸에 닭살 돋고

코스모스 놀란 가슴 안고
미소 짓는 모습은
활짝 핀 꽃봉오리에 앉은
꿀벌의 웃음진 미소

매미떼 사라지고
잠자리 바람에 쓰러져
말라 비틀어진 낙엽처럼
뒹굴고 있어
가을은 잠시 머물다 간다

여름의 열기가 식기도 전에
겨울이 오려나 보다
잠시 머문 가을을 뒤로 한 채
온몸으로 느끼는 체온은
겨울을 손짓한다

아버지

함경남도 신흥은 당신의 고향
전쟁터에 잃어버린 어미와 동생
생사 알 수 없었던 가슴앓이
할아버지 손에 이끌려 내려온 이국땅
대청동 산골짜기 판자촌이 내 집
굶주림에 지쳐버린 생존의식
무엇을 어떻게 준비해야 사는지
피묻은 옷가지에 얼굴을 묻어본다

참담한 하루하루의 인생역경
국제시장 노점상에 몸을 맡기고
깡패들의 손놀림에 살아온 힘든 여정
무엇이 당신을 이렇게 만들었나
만학의 꿈을 안고 살려던 행복했던
꿈마저 버리고
고된 삶의 시작된 어린 시절은
차마 두 눈이 아파져 올 만큼 화려하지는 않다

언젠가 가야 할 고향땅은
당신이 죽어 가야 할 저 먼 타국
가까이 보이는 북녘을 곁에 두고 살아야 할
실향민의 아픈 사연은 누구나 고통의 날이지만
당신의 삶은 짧은 세상 안에 수없이 많은 사연 속에
역사의 필름으로 남아 있기를 바라지는 않은듯하다

언제 가보려나 내일을 기약하지 못하고
텅 빈 마음 고요한 하늘 아래 밤을 지새우고
눈물로 살았던 당신의 사연을 누구에게
얘기해야 할는지 세월은 알는지
젊음은 남아 있지 못하고 세월의 주름만 남아
흐르는 시간 속에 갇혀 이제나저제나 한숨만
지새우고 담배 연기 속에 지난 세월을 묻어둔
아버지 우리 아버지…….

야들아

야들아
어둠의 공포에서 얼마나 떨고 있니…
검푸른 파도가 멈출 줄 모르고
떨리는 고통에 눈물만 흐르겠지

야들아
흔들리지 말고 울지 말고
서로를 격려하고 굳건하게 견뎌야지
참담한 심정으로 지켜보는 분노
멈출 수가 없구나

야들아
주마등처럼 스쳐 가는 일들이
새로운 하루를 밝히고 있지만
뒤집어진 뱃속의 너희는
배고픔에 지쳐 있겠지

야들아
허공에 불러보는 아들딸
무사안전을 기원하지만
무심한 하늘은
우리의 절규를 듣지도 않는구나

야들아
정말 보고 싶구나
꼭 다시 만나고 싶구나
울부짖는 고통 속 하루
꼭 살아서 만나자
사랑한다

2014.04.16 세월호 침몰
우째 이런일이……

시계바늘

쉼 없이 돌아가는 지침指針
호흡 한번 다듬지 않은 채
다람쥐 쳇바퀴 돌듯이
거침없이 돌아다닌다

나란히 쓰인 숫자 놀음에
하루에 수천만번을 돌고 도는데
누구를 향한 발걸음인가

시간 속 흐름에 세월 보내고
언제나 쉬어 보려나 쳐다봐도
무표정한 모습으로 돌고 도는
너의 모습은 숨김이 없다

초침보다 빨리 주름져 가는
나의 모습
걷잡을 수 없는 마음
너는 알려나

열매

시의 모노라 마를 쓰듯
길게 뿌린 내린 줄기의 하루
길게 눌러앉은 잎사귀
이슬을 먹는 자연의 조화

싹을 띠어 향기를 품고
고운 햇살 아래 미소 띠면
언제나 환한 마음 감싸준다

붉은빛 열매의 속삭임
꽃잎에 가려 자태를 뽐내지 못하고
세상의 밝은 빛이 그리워
살포시 미소 짓는다

한 송이 꽃잎 마주 잡고
흩날리는 바람과 손짓하며
작은 아름다움을 멋으로 승화시킨다

인생행로 人生行路

밤의 에메랄드 불빛은
나를 유혹하고
멀리서 달려드는
차량의 발놀림은
마음속 깊은 먼 길을
가려고 한다

신호등 붉은 불빛은
먼 산 노을처럼 다가오고
광채光彩를 비추고 달려드는
자동차의 발걸음은
고장 난 장난감처럼
힘없이 멈추어 버린다

아스팔트 위 길게 뻗은 인생
삶을 노래하듯 달리는 흔적
끝없이 달려드는 광활의 세계
멈출 수 없는 인생행로를 뒤로한 채
내일을 위해 달음질 한다

일탈逸脫

찬란한 네온사인 불빛
들려오는 음악 소리
박수 소리에 기대어
흔들어 대는 사람들의 함성

천장의 움직임은 하늘을 열고
잔별의 움직임에
하얀 눈송이 떨어져
열기를 식혀준다

함성喊聲에 가슴을 열어주고
음악 소리에 광기狂氣를 느끼는
한밤의 디스코 타임

미끄러지듯 흔들어 대는
사람들의 미소 지음에
일탈逸脫의 환상에 묻혀버린
가면 쓴 그들의 몸부림을
숨죽여 느껴본다

몽상

찬바람 소용돌이 치듯
마음의 상처는 깊어만 가고
추운듯 움추린 몸은
야위여만 간다

숨죽인 마음속 화를 부르고
믿었던 순간의 일들은
공든탑 모래성처럼
한순간 무너져 버렸다

시작은 힘들고 나약 했으나
노력의 댓가는 바라지 않았고
인간의 존엄성을 밟아버린
그들은 욕심으로 가득하다

세상의 순탄함은 없지만
믿었던 사람들의 이기주의로
주마등처럼 흘러버린 기억속은
암흑과 같은 몽상이다

방황의 흔적

어둠이 스산한 골목길 모퉁이
안개 자욱한 가로등 불빛 아래
거친 숨소리
어디선가 요동치는 마음의 구석 자리
몰려온다
방황의 흔적.

저 멀리 들려오는 숨죽은 울음소리
이 밤을 설렌다
밤이슬에 몸 움추린 모습
함께 하고 싶은 녀석들.

가로등 불빛 아래 어둠은 졸고 있고
조용히 스치는 바람의 여운餘韻
졸린 마음 한없이 다잡고
아픔의 고통 어깨를 짓누른다

멀리서 들려오는 야심한 풀피리
놀란 마음 내리려 하지만
불어오는 바람은 가슴을 조이려 들고
이 밤도 안개에 묻힌 달빛에 눈물 흐른다

슬픈 언약식

소리 없이 찾아드는 슬픔의 미소
마음속 공허함에 묻어두고 싶은
지난날의 추억 속에 나를 돌아본다

사랑이란 느낌으로 다가선 당신
아름답고 화려한 미소는
숨어버린 햇살의 웃음진 그리움

마음속에 묻어둔 슬픈 언약식
시간의 흐름에 지워 버리고
차가운 마음으로 다가선 손길
눈물로 밤을 지새워 보낸다

별처럼 반짝이는 시간 속에
사랑의 별들을 하나둘 수놓아 보고
가슴 여미는 그리움을 내려놓는다

미소속에 속삭이는 행복한 마음
이별을 뒤로 한 채 슬픔으로 묻어 두고
그녀를 향한 그리움에 살며시 손을 내민다.

희망希望 1

숱한 과거속에 묻어버린
어려운 역경과 힘겨운 생활
과거도 현재도 아닌 미래의
희망이 보이지 않는다

과거속에 묻혀 있는 잔상
미래를 열어보는 참뜻에
희망을 걸어보고
여유로운듯 힘차게 걷는다

새로운 희망이 밝아오고
과거를 지워버린 마음
미래를 설계하는 기쁨으로
큰뜻을 성화시켜 보련다

동행의 반려자가 있다면
추한 모습보다 미소띤 얼굴
그대와 함께하는 미래에는
성공의 단어가 보인다

희망希望 2

순풍順風 나뭇잎 처럼 떨어지는 인생
세월의 허상虛想 속에 마음을 내려두고
허무한 세월속 존재의 의미를 느껴본다

벌거벗은 마른 나뭇가지에
금방이라도 날아가 버릴 나뭇잎 하나
무엇을 의미하는지 두려움이 앞서 간다

바람에 흩날리는 낙엽 속
새 생명의 싹이 움틀 거리고
처마밑 고드름은 녹을 줄 모른다

자연의 이치에 진리가 있고
먼 산 바라보는 눈빛에
새로운 희망과 미래가 있다

시간 여행

삿갓 쓴 머리밑에
길게 뻗은 입가의 곰방대
하얀 도포 입고 웃음 짓던
당신의 모습이 그립습니다

쓴웃음 지으며 콧노래 흥얼거려
하얀 연기 뒤로한 채
발걸음 재촉하던 그리움에
묻어갑니다

당신

소몰이 하는 녀석들
갈 길 멀어 빠른 걸음걸이
그 속에서 미소 짓던 당신의 모습은
세월 속에 묻혀 버리고
소 울음소리만 귓전에 들려 옵니다

세월의 시간 여행길에 올라
지나온 지난날을 회상하며
그려보는 당신의 주름진 모습
한 번 더 과거의 시간 속으로
잠들어 봅니다

봄의 세상

겨울의 잔해를 씻어주는
봄비 내려
개나리 꽃망울 젖혀주고
맑은 봄 재촉 하듯
노란 산수유목이 만발하다

봄이 오는 길목
한 폭의 그림 같은 눈은
하얗게 쌓여만 있고
겨울과 봄이 오가는 유채밭에
꿀벌의 합창소리 요란하다

꽃샘추위 벚꽃 꽃망울 터뜨려
가는 겨울 시샘하고
향기 가득한 봄 소식에
새싹들 봄꽃 피우려
새로운 기운 샘솟아 나비떼 나르듯
봄의 세상이 오려나보다

그날 그 시절에

새벽 둥근 달 초야를 비추고
초가짓 지붕 위
하얀 연기 뿜어
하루를 알리는 닭울음

외양간 소 여물 뜯는 소리
옛 추억의 되새김
하늘 아래 그 느낌

지나온 발자취
그리움 밀려오는
그 시절 그 향기
솥단지 소리 흥겨워
잠에서 깨어
개 짖은 소리 개구리울음
옛 시절 그립네

저 멀리 들려오는 염불소리
아침 알리는 새들의 합창
굴뚝 연기 맞으며
돌아본 그 시절
언제 한 번 다시 갈꼬
그날 그 시절에

제4부
추억

6월의 회상回想

녹색의 푸름은 지칠 줄 모르고
태양빛 아래 미소 띤 얼굴
환한 세상의 생명을 전한다

바람에 흩날리는 움직임은
서로 푸름을 감싸 안고
그리움 가득한 삶의 모습
잔잔한 6월을 맞이한다

그윽한 향기 맞으며
노닐던 지난날
참다운 아름다움보다
야속했던 그날을 그리며
국화향기 가득한
길로 발걸음을 돌려본다

한 걸음 숨소리에 마음 죽이고
거닐던 담장 밑 붉은 장미는
지난날 회상에서 일어나
깜짝 놀란 눈으로 바라본다

오늘만난 당신

한없이 걸었다
우거진 수풀을 뚫고
쓰러진 갈대밭도 아닌
잡초를 뒤로한채
걷고 또 걸었다
길잃은 나그네 처럼 방황했다
숨어버린 개미집 찾아 떠나온
사냥꾼처럼 헤메인다
무엇을 찾는 것인가
수풀에 우거진 잡초에
황금알을 찾았다
능선처럼 우거진 곳에 머물러
먼산을 바라보니
구름에 가려진 노송들의
합장이 시작된다
그들의 오케스트라에 힘찬
세상을 노래한다
오늘 당신을 만났습니다

빈의자

수없이 많은 사람들의 빠른걸음
확터인 공간의 사물과 드불어
웃음짓는 모습은 자연의 이치다

백년 천년을 지켜온 자리에
변함없이 찾아온 사계절은
불청객에 불가하다.

파란 새싹은 친구되어 싹이터고
강가를 이루며 미소짓는 추억은
쓸쓸한 낙엽의 마음을 전하며
하얗게 내리는 눈꽃은
천지를 아름답게 수 놓는다

아무도 찾지않는 길가 모퉁이
홀로 자리한 자리에 향기라도 있으면
바람과 친구되고 낙엽과 뒹굴텐데

언제나 나를 찾는 자리에
수없이 찾아온 사람들은
긴팔 드리우고 누운 쉼터에
마음의 돗자리를 풀어본다

산소 山所

마음속 가슴 아픈 사연
강산이 바뀐지가 30년이 흘렀습니다
보고파 불러도 허공속에 맴도는 깨진 소리
잠시 대답이라도 들어볼듯 숨죽여 봅니다

꼬부랑길 돌아 묻혀있는 젖무덤
아름다움은 커녕 시들은 잔디풀로 싸여 있습니다
살아생전 못한 효도 한번 못하고
하늘에 계신 그리움 마음으로 새기면서
아픈 마음 잔디풀을 벌초 伐草 하려 합니다

홀로 계신 그곳에 울고 계신 당신을 그려보며
지난날 힘들고 어려웠던 시절을 연상해 봅니다
보고싶은 마음에 어루 만지면
어릴쩍 당신의 가슴이 쥐어 지는듯 합니다

나이가 들면 들수록 그리워지는 마음은
이제 자식을 키우는 마음 구석에 느끼는
당신의 사랑을 느끼고 있습니다

세월은 흘러도 당신의 모습은 변함이 없고
사람의 손길이 미치지 못해 잔디풀 우거진 모습은
마음 아픈 당신의 가슴을 얼마나 눌러 버렸는지
알것만 같습니다

사라진 모습은 볼수가 없지만 마음속 깊은 곳
언제나 당신이 존재하고 보고플때 찾아오는 발걸음
이곳은 당신의 모습이자 가슴입니다

송아지

시골 소마구간
송아지는
목욕도 안하는지
소똥 냄새 가득하다

우거진 짚더미를 깔고
큰눈 뜨서 쳐다보면
솥뚜껑 보고 놀란 망아지처럼
커다란 눈으로 째려 본다

영물인지 큰눈에
흐르는 눈물을 보면
불쌍이도 그 눈속에 빨려든다

음메 소리에 놀란가슴 잡고
뽀쪽한 소뿔을 흔들어 보는
여물 뜯는 소입은 과간이다

모가 그리 맛나는지 종일 씹고 앉았고
덩치는 산만한게 얼마나 연약한지
늘 보는 소는 아침을 깨우고 나를 태운다

소물을 끓이는 둥근 솥안에는
맛난 여물이 부글부글 끓고
냄새에 넋나간 소는
머리를 흔들며 음메소리 하늘을 찌른다

낮에는 소몰이 나가선 밭에서 이랴이랴
자연의 이치를 깨달아가는 저 평야에 풀고
망아지 꼬삐풀린 넘들은 이리저리 난리다

못가 뚝에 둘러 앉아 자연에서 노니는
그놈은 아주 여린 염소보다
울음소리 광야를 울린다

수변공원

달빛에 어우러진 검푸른 파도
출렁이는 춤사위와 노니는 자리엔
언제나 행복 가득하다

수평선 넘어 불어오는 바람은
푸른 파도와 손잡고
넓은 세상의 아름다움을 전해주고
광활한 대지에 웃음꽃 피워온다

바위에 부딪혀 들려오는 파도소리
세상의 번뇌를 바다 품에 가라앉히고
여유로운 미소 머금는다

바람에 출렁이는 파도소리는
깊은 밤 잠 못 이루는 사람들 사이로
행복의 손길로 소리 없이 다가와
살며시 내려앉는다

자연의 향기

산등성이 우뚝 속은 바윗돌에 기대여
첩첩산중을 바라보니
봄꽃의 아름다움이 만개滿開하고
수많은 사람 숨소리 가득 들려온다

자연의 아름다움에 수줍게 미소 짓는
아낙네의 손길이 빨라지고
바위틈에 낀 새싹의 미소 활짝 폈다

나지막이 들려오는 숲 속의 새소리는
사람들 사이를 헤집고 다니며
아름다운 울음의 자태를 뽐내고
멀리서 들려오는 자연의 소리와 어우러진다

깊은 계곡의 물소리는 시원함을 더해주고
봄 향기 가득한 가로수 아래 노니는 사람들
자연의 향기에 취해 시간 가는 줄 모른다

주인공

몸과 마음이 살아 숨쉬듯
흐르는 시간은 잡을 수 없고
세월의 흐름에 휩싸여
살아 숨쉬는 나약한 존재

전진만이 살길이라 믿었던
자신만의 존재의식
삶은 그리 쉬운게 아니라
어려운 여정이다

서서히 내려앉는 붉은노을
변하지 않는 시간속에
나의 육체는 변화되고
새로운 하루를 맞는다

소설속 주인공처럼
담배 연기에 인생을 묻고
한자한자 내려쓰는
인생소설가가 되어본다

천룡사

대지大地의 장엄함이 하늘과 맞닿고
길게 뻗은 노송老松의 웅장함
사방 병풍처럼 둘러싸인
자연의 아름다운 숨결이 숨어 있다

산사山寺에서 들려 오는 목탁소리
종각에서 울려 퍼지는 방울 소리는
속삭이는 산새의 울음과 어우러져
가슴속 깊이 내려앉는다

산등성이 우뚝 선 화려한 극치
멀리서 바라보는 자연의 아름다움
세상 바라보는 의미가 있어
그곳에 머물고 싶다

먼바다가 내 손안에 머물고
사방에 솟은 빌딩 숲 속의 아름다움은
자연과 조화를 이루는
한 폭의 그림과 같다

천룡사: 부산 서구 초장동 소재

첫눈

창 밖에 내리는 첫눈의 환호성
대지를 온통 솜사탕으로 만들고
지칠 줄 모르고 노니는 사람들
생동감이 넘치는 웃음소리 가득하다

저 먼 산등성이 쌓인 눈송이
나뭇가지에 눌러앉은 자태姿態
멀리 자리한 거송巨松의 움직임
놀란 산 새 세상을 변화시켰다

소복이 싸인 눈길에 새겨진 발자국
누가 먼저일까 흔적을 남기고
홀연히 사라졌다

신에 홀린 듯 내리는 첫눈
멈출 줄 모르고 내리지만
때아닌 광경은 멋진 한 폭의
도화지에 그려 놓은 산수화

추억 1

내가 사랑한 그녀는
두 눈이 맑고 아름다워
그 속에 사무치는 마음
사랑이었습니다

미소 짓는 그녀에 얼굴은
달빛에 어우러진
둥근 달 같았습니다

사랑을 갈구하던 마음을
그녀가 알 수 있을지
지금도 그리움에
나를 재우고 싶습니다

두 손 마주 잡고
초승달 다리를 건너
파도가 마주치는 곳에서
추억을 만들고 싶습니다

사랑은 언제나 우리 곁에
머물고 그와 함께
지나온 시간 속에 머물러 봅니다

추억 2

얼어 붙은 연못에 비친 화려함은
어느새 뼈만 앙상하게 남아
아름답고 수려함은 없다

바람에 떨어진 낙엽은
숲이 되어 자리하고
앙상한 가지에 붙은 붉은 감
까치의 밥이 된 지 오래다

벌거숭이로 변해 버린 나뭇가지에
이슬 먹은 물방울 고드름 되어
햇살 비추어진 태양빛 머금고
다시 물줄기 되어 떨어져 흐른다

황토 논밭에 뒹구는 볏짚은
이슬에 젖어 얼어붙어 버리고
한적한 시골의 청취는 굴뚝 속
연기처럼 날리어 간다

말라 뒹구는 낙엽 밟고 걷는 그리움
어느덧 어린 마음을 묻어 두고
살포시 추억의 향내에 젖어 본다.

친구

가난한 시절
서로 모습을 보면서
그렇게도 숨기고 싶었던
어린 날의 기억들

좁다란 골목길을 돌고 돌아
목청이 아프도록 불렀던
그 이름은
나와도 같은 존재

책가방 둘러메고 찾았던
언덕배기 아래 판잣집
물어물어 간 곳은
장작불 짚이든 작은집

붉게 물든 구름 속
마음속 슬픔 토해내고
찾아서 돌아본 길
과거의 아픔이었다고

침묵의 시간

오랜 어둠에서 방황하는
고통의 시간
마음 내려 줄 곳 없는
차가운 시선

내리치는 빗물의 소용돌이
어디쯤에서 멈출 수 있을지
아무것도 알 수 없다

웃음 짓는 미소로
허울을 뒤집어쓴 가상의 모습
진정한 사랑은 없다

긴 터널 속 짧은 만남은
서로에게 상처만 남기고
눈물 머금고 돌아선 뒷모습은
무거운 침묵만 흐른다

코스모스

달빛을 머금고 가을이 내려앉아
팔랑개비처럼 돌고 도는 코스모스 향기는
길모퉁이 한적한 곳에 미소 가득하다

옷깃을 스치는 차가운 바람은
나의 창을 열고
그대와 난 코스모스 그곳에 머물고 있다

형형색색 자태를 뽐내는 향기는
밤하늘 그리움을 몰고
어두운 거리에 사뿐히 내려앉는다

밤별의 미소에 웃음짓는
그녀의 활짝 핀 미소 지움에
사랑 가득 행복이 가득 차 있다

판자촌

대청동 골짜기 판자촌
우후죽순 늘어선 그곳에
희망에 찬 얼굴들이 모였다

가난을 극복하고 새로운
세상을 갈망하는
사람들로 모여 있다

어린 시절 느꼈던 가난
짧은 머리에 콧물 흘리던
모습은 꼭 고아다

시꺼먼 고무신 신고
공원을 거닐던 추억은
지금 느끼지 못하는
생활 일부다

가난은 언제나 우리 곁에
머물고 추억은 마음속에
묻혀 있는 그리움이다

그녀를 사랑하고도

그녀를 사랑하면 할수록
마음속 공허空虛함은 나를 울리네
보고 싶다는 말 한 마디 못하고
가슴 아픈 나날로 깊어만 가는데

어떻게 다가서야할지 눈물만이 흐르는고
그녀 향한 나의 마음 감출 길이 없네!
안개꽃 짙은 향기에 나의사랑 보내고
보고파 외로울 때 그녀 향해 손짓하며

사랑에 울고 있는 나의 첩경捷徑을 찾아서
오늘도 불러본다. 나의 사랑아
깊은 마음 깊은 뜻을 알지도 못하고
나만의 사랑에 도취陶醉하여

오늘도 후회하며 내일을 기다리는데
마음속 깊은 곳에 그리움만 쌓이고
언제 그녀에게 사랑한다는
말 한마디 할 수 있을지 알 수가 없네

경천대에서

선녀가 놀다간 흔적
천지가 개벽하고
고귀한 인생을 살다가 가신
선열의 흐느낌

아름다운 자연과 더불어 사는
인생사 이야기
지난 과거 속에 담긴
역사의 흔적

산새 우는 산중에 날아온
까치들의 속삭임
길게 뻗은 강줄기 벗삼아
모래알과 노닐고

장대한 그림과 같은
자연의 숭고함
그 속에 어우러진
지난날의 회상

초가 삼가 지은 집
오두막 같은 팔각정
머나먼 산줄기
바라보고 있노라면
옛 선비의 풍악과도 같은
글 읽는 소리

바람에 휘날려
떨어진 낙엽과도 같은
지나온 시간 속
조상의 속삭임

비문에 새겨진
한 줄 아름다운
시어에 마음두고
한민족 역사의
흐름은 계속된다

마을 어귀

깊은 산자락 어둠이 질 때면
까마귀 이슬 찾아 울어오고
밤을 누리는 부엉새의 흐느낌에
소스라쳐 놀라 뒤돌아 보고 걷던
옛마을로 가는 산길이 그립다

흐르는 강줄기 친구삼아
하늘에 눌러앉은 보름달 손잡고
산등성이 넘어 도착한 그곳은
하늘과 맞닿은 마을 어귀

강아지들 짓는 소리에 놀란 닭들의 외침
바람에 날리어 콧속을 누비는 향내 나는 그을림
소들은 울어대고 귀뚜라미 반겨주는
돌아본 옛 서정이 그리워 한 폭의 낯선
그림을 그려본다

지난날의 상념에 깊은 마음 내세워
담뱃불 연기 속에 그리움을 그려보고
그 속에 눌러앉아 잊혀가는
작은 우리의 옛모습을 되새기며
그날의 아름다운 자태를 동그랗게 담아본다

장산의 새벽

안개가 거목으로 쓰러지는 시간
장산 언덕으로 이어지는
새벽을 노래하는 사람들의 행렬
살아있음 진실로 벅찬 감동이다.

나무들의 기지개 켜는 소리
숲을 흔드는 새들의 기침소리
누가 그랬던가 살아가는 것은
사랑을 배워가는 일이라고

한 걸음 물러서야 보이는 진실
열린 가슴으로 받아 안은
오늘이란 또 다른 역사
이제 사랑이라 변명하지 말자.

천기로 또 다른 길이 열리고
꿈은 햇살로 퍼져
우주를 품은 뜻 전하려
수로 같은 희망은 대해로 찾아든다.

해설

그대 그리움 눈물이 되어

문병란
|시인, 전)조선대 교수|

  언어파, 유미파적 입장에서 언어의 nuance나 절차탁切嗟琢이란 말이 있듯 옥이나 돌을 다듬는 것처럼 도덕·학문 등을 닦은 언어의 경우는 시적미감이 우러나도록 말을 다듬어 제자리에 놓이게 한다는 뜻이다. 1930년대 시문학파의 시어들(특히 김영랑) 청록파(박목월, 조지훈, 박두진)에서 볼 수 있는 우리말의 아름다움을 소중히 함을 엿볼 수 있다. 이는 장점이 분명하다.
  그러나 말 매무새만 곱게 담고 사상이나 정서적으로 강력한 감정의 흐름 powerful한 격정이 모자랄 땐 언어예술로서 뛰어난 시를 남기기 힘들다. 언어는 음악성 형상성 관념성 그 성질을 두루 갖출 때에 빼어난 시가 된다.
  14편의 詩중에서 언어파적 아름다움과 온건한 서정성으로서 비교적 우수하며 시적 완성도가 보이는 것은 어머니,

새벽을 여는 사람들, 장산의 새벽, 수발사 가는 길, 시골 장터, 덕유산, 시간 여행, 봄의 세상, 그날 그 시절에를 들 수 있고, 그것을 더욱 압축하면 어머니, 새벽을 여는 사람들, 장산의 새벽, 수발사 가는 길, 덕유산, 시간 여행, 봄의 세상 7편이다.

> 백의白依의 도포道袍 둘러 입고선
> 꽃봉오리 미소 지을 때
> 화려한 모습이 봄으로 전해오고
>
> 빗방울 나뭇가지에 눌러
> 활짝 핀 아름다움 전하고
> 화려함에 피어난 모습
> 가는 발걸음 붙잡는다
>
> 깃기바람 사이로 봄 향기 느끼고
> 겨울을 이겨 품어내는 자태에
> 고이 접어 펼친 미소에 마음 담는다
>
> [목련] 전문

아담한 운치가 담긴 서정시이다. 백의의 도포는 그 흰 빛깔의 선비적 고결함을 나타내 주고 있다. 온건하고 부드러우면서 전혀 꾸미지 않음이 소박미를 지니고 있다. 그러나 전해적으로 흔한 표현에서 독특한 개성미가 부족하고 외양의 묘사에 그쳐 절실함이 부족하다. 경쟁에 살아남기 위해선 이런 자연 발생적인 감흥만 들어놓으면 새로움, 창조

성을 느낄 수 없다. 평범하되 그 속에서 비범을 찾아내고 꽃의 외양보다 내면을 나타내는 보이는 것에 만족하지 말고 내면적 성찰을 통하여 목련을 변용 시킬 줄 알아야 새로움이 될 것이다.

검푸른 파도 붉게 물든 태양
그 안에 속내 보이며
출렁이는 영롱한 파도소리
귀담아 들려오는 인생사 얘기
갈매기 목말라 떼 지어 날아
하얀 연기 품고 떠나는
어정漁艇에 눌러앉아
망망대해 친구 되어 가네

수평선 넘어 끝없는 길 나선
태양빛 조아려 뱃길 떠나온
사방 물빛 빛나는
사막 같은 오아시스
그곳에 닻 내려 손맛 보는 사공
힘차게 울려오는 풍악 같은 내음
만선에 기쁨 미소 짓는 얼굴
멀리서 들려오는 그 소리
마음 안에 잠기어
내일을 기약할
새벽을 여는 사람들

[새벽을 여는 사람들] 전문

항구의 새벽 출항의 싱그러운 풍경을 감각적으로 언어

의 조탁과 영상으로 잘 표현했다. 우리말의 선용이 매수 돋보이는 소리와 빛깔 내음 청각 시각 후각 모두 영롱히 살아 솜씨를 거론할 만하다.

> 가슴 메아리로
> 하늘가에 울리는 그리운 소리
> 기억 속 유년의 길목은 늘 분주하다.
> 신문배달 소년의 분주한 외침
> 재첩국 장사 아주머니
> 두부장수 아저씨의 종소리
> 중년의 문턱에서도 지워지지 않는
> 간간히 그리움의 경적을 울리는
> 그리운 소리들이 꿈으로 머문
> 가을날의 바람에는 추억이 담겨있다.
>
> [그리운 시절] 전문

유년기의 아련한 추억 흑백 사진 집에 붙어있는 그리움처럼 정겹다. ≪그리운 소리들이 꿈으로 머문 가을날의 바람에는 추억이 담겨 있다≫ 글 구절이 매우 인상적이다. 시상이 맑고 그것도 몇 줄에 담는 솜씨가 능숙하다. 앞에서 언급 했듯이 평범하면서도 비범해야 한다. 단 한 마디도 금싸라기가 아니면 빛이 나지 않는 것이 시이다.

> 황토먼지 휘날리는 새벽
> 마음속 깊은 상념에 잠기어
> 눈물 머금고 가던 꼬부랑길

온몸을 휘감는 차가운 바람
다 말라버린 낙엽 떨어뜨리고
긴 밤 재촉하듯 무거운 발걸음 딛고
멀리서 들리는 종소리 귀담아
걸어가는 비탈진 언덕

물소리 잔잔한 길목에서
달려가는 마음은 무겁고
산새 소리 울음에 마음 다 잡는다

온갖 풀벌레 소리에 귀 쫑긋 세우고
사방 둘러보니 적막함이 감도는데
가도 끝이 없는 미궁 속에서 헤매는
수발사 가는 길이 그립다

개울가 떠내려가는 풀잎처럼
길 잃은 사람들의 아우성에
보이지 않는 저 먼 산길을 걸어
도착한 하늘 아래 작은 쉼터

목탁 소리 염불 소리 등에 업고
돌아본 그 길은 그리움에 눈물이
서려 있는 작은 옹달샘
다시 그 길을 걷고 싶다

[수발사 가는 길] 전문

정겨운 작품이다. 잔잔하면서도 호수에 던진 올챙이가 파문을 치듯 감동이 소리 없이 밀려온다. 이 시를 읽으면 읽는 사람 자신이 수발사 가는 길을 걷고 있는 것 같다. 글자 속에서 사박사박 산길 오르는 발자국 소리가 들리는 것 같다. 투명한 서정성의 효과이다.

> 삿갓 모자 곰방대 입에 물고
> 하얀 도포 둘러 입고선 쓴웃음 지으며
> 냉큼 잡아선 손끝에 매달려
> 시골장터 가던 생각
> 옛날 향기에 머물러
> 추억을 되새긴다
>
> 시끄러운 장터
> 멋진 옷맵시 가다듬고
> 이길 저 길을 둘러보고선
> 서둘러 간 곳 소싸움터
> 꽹과리 소리 고함 소리
> 소들의 힘찬 싸움에
> 시간 가는 줄 모르고
> 시골장터 그윽한 냄새에
> 발길을 멈춘다
>
> 우후죽순 늘어선 장터
> 옛것은 오간 데 없고
> 지나버린 옛 추억에 사로잡혀
> 상념에 잠겨서 바라 보건데
> 바뀐 현실 과거가 없는
> 사람 사는 시장터
>
> [시골장터] 전문

시골 5일장 풍경은 어린 시절 아버지께 끌려간 유년의 추억이 어른이 되어 찾아가 보았을 때 이전 풍경은 사라지고 상전벽해 현실 앞에 조금은 적막한 발전을 못 따라가는 나 자신의 무기력이 떠오르는 장터의 정서이다.

소박하나 감칠맛이 난다. 인상기나 스케치에 그친다면 오히려 수필의 흥미에 못 미치는 평범한 소묘시이다. 읽고 나서 간이 안 맞는 음식처럼 뒷입맛이 안 남으면 5년 이상 색이 바라지 않고 견디겠는가.

 숲이 우거진 아래
 길게 뻗은 장승 같은 숯덩이
 세상 바라보는 눈빛이 있어
 우뚝 솟은 화살 같은
 콧날 세워 미소 머금는다

 시원하게 늘어선 마디마디
 마음속 움직임 한결같아
 사방에 잔풀 날리며 내려선
 그곳에 머물러 사랑을 속삭인다

 황홀한 마음에서 두들기는 소리
 가슴속 깊은 곳에 숨죽이고
 속삭인 사랑 앞에 쭉 늘어선
 그 모양이 아름다워
 숨소리 깊이 와 닿는 마음속에
 여미어 내 사랑 숨겨 보낸다

[속사랑] 전문

장승같은 숯덩이의 특징은 검은 빛이다. 장승은 키가 크다 외 보조관념을 가하나 숯덩이의 빛깔이나 모양의 비위가 어울리지 않는다.

속사랑의 간접적 완곡한 표현으로 보아도 그 내면적 실체가 감이 잡히지 않아 어려운 말이 없음에도 무엇을 노래했는지 난해하다. 속마음, 속사랑, 속사정 등등 거죽에 드러나지 않고 은근히 감춰져 있으나 즉물적으로 구체적 사물의 이야기를 통해 내면적 관념을 실감하며 느끼게 해야 한다.

본인의 해명 없이 이해하기 힘들다. 그러니 말을 다듬어 곰살갑게 표현한 그 솜씨는 뛰어나다 하겠다.

속사랑이란? 겉으로 나타나지 않고 속으로 하는 사랑을 가리킨다. inner love hidden love, hidden은 hidden의 과거분사, 즉 우리말이나 영어나 겉으로 드러내지 않는 사항이다. 짝사랑하고는 그 성질이 다르다. 이 시는 그런 상징적 사랑을 간접적 표현으로 나타내었다.

덕유산 흐르는 물줄기
새벽 사람 붙들어
끝없이 흐르는 자태姿態
선녀의 치마폭

살아 숨 쉬는 거목巨木
능선 손잡아 보이고
구름 속살 가려

그 속에 묻어가는 숨결

　　백 년의 흐름인가
　　천 년의 흐름인가
　　강줄기 흘러 큰강 이루고
　　빛 아래 누운 그림자
　　산등성이 덮어주네

　　　　　　　　　　　　　　[덕유산] 전문

　언어의 탈마나 음악성 언어의 nuance 이런 면을 감화하여 아름다움이 돋보이는 시를 유미파라 한다. 김영랑 류의 순수 서정시에 비길만하며 그런 면에서 성공적으로 봄직하다. 덕유산(일종의 高山)의 巨木枯死木이니 계곡으로 흐르는 시원한 물소리 적막한 산속에서 느끼는 그윽하고 신비로운 山心을 순수하게 표현했다. 순수 서정시로써 잘 다듬은 옥양목처럼 곱상하다. 비단같이 눈부시진 않으나 온화함이 진주 빛에 비할만하다.
　그러나 맞이한 메시지 전달을 표기하지 않는 한 아름다움과 진실이 어우러져 있다.

　　삿갓 쓴 머리맡에
　　길게 뻗은 입가의 곰방대
　　하얀 도포 입고 웃음 짓던
　　당신의 모습이 그립습니다

　　쓴웃음 지으며 콧노래 흥얼거려

하얀 연기 뒤로한 채
발걸음 재촉하던 그리움에
묻어갑니다

                           [시간여행] 전문

소몰이하는 녀석들
갈 길 멀어 빠른 걸음걸이
그 속에서 미소 짓던 당신의 모습은
세월 속에 묻혀 버리고
소 울음소리만 귓전에 들려 옵니다

세월의 시간여행길에 올라
지나온 지난날을 회상하며
그려보는 당신의 주름진 모습
한 번 더 과거의 시간 속으로
잠들어 봅니다

                                [당신] 전문

   여기에 나오는 '당신'은 선친(선대인)에 대한 추모이다. 추모는 돌아가신 분을 그리워하는 외호이나 이 시에서 그 슬픔보다 조선조말기의 마지막 선비정신을 지녔으되 망국이 되자 그것을 벼슬살이로 승격시키지 못하고 낙백과 불우를 면치 못한 세대, 그 소박하나 박행을 꿋꿋이 이겨내신 그리움 不情을 잘 표현한 가작이다.

   겨울의 잔해를 씻어주는

봄비 내려
개나리 꽃망울 젖혀주고
맑은 봄 재촉 하듯
노란 산수유목이 만발하다

봄이 오는 길목
한 폭의 그림 같은 눈은
하얗게 쌓여만 있고
겨울과 봄이 오가는 유채밭엔
꿀벌의 합창 소리 요란하다

꽃샘추위 벚꽃 꽃망울 터뜨려
가는 겨울 시샘하고
향기 가득한 봄 소식에
새싹들 봄꽃 피우려
새로운 기운 샘솟아 나비떼 나르듯
봄의 세상이 오려나 보다

[봄의 세상] 전문

   사물이 지닌 아름다움을 서정적 언어로 곱게 다듬은 것이 특징이다.
   현실적 인생의 삶이나 왜곡된 현실, 부패한 현실에 대한 관심보다 자연이나 인생을 관조적으로 노래하고 있다. 문제의식이나 경향성을 띠기보다 자신의 마음을 사물 속에 얹어 곱상하게 수놓으며 어느 먼 여성적인 아취가 느껴지기도 한다.
   초복의 경치나 정취를 음악으로 치면 피아니시모 그림

으로 치면 가는 붓으로 그린 수묵화의 운치이다.

새벽 둥근 달 초야를 비추고
초가집 지붕 위
하얀 연기 뿜어
하루를 알리는 닭울음

외양간 소 여물 뜯는 소리
옛 추억의 되새김
하늘 아래 그 느낌

지나온 발자취
그리움 밀려오는
그 시절 그 향기
솥단지 소리 흥겨워
잠에서 깨어
개 짖는 소리 개구리울음
옛 시절 그립네

저 멀리 들려오는 염불소리
아침 알리는 새들의 합창
굴뚝 연기 맞으며
돌아본 그 시절
언제 한번 다시 갈꼬
그날 그 시절에

[그날 그 시절에] 전문

시각성 → 굴뚝 연기, 하얀 연기, 후각 → 향기, 가장 가

늘은 소리 → 소 여물 뜯는 소리

  시골의 미세한 소리까지 엿듣는 맑고 밝은 귀를 가지고 있다. 여리고 곱다. 시는 언어 예술이라 정의 할 때 언어의 nuance 음악작용 순수고유어의 선용 등 시문학파나 청록파들에서 볼 수 있는 우리말의 아름다움을 잘 살리고 있다. 감각어를 잘 살려 감각성에서도 뛰어나다.

    그녀를 사랑하면 할수록
    마음속 공허空虛함은 나를 울리네
    보고 싶다는 말 한 마 디 못하고
    가슴 아픈 나날로 깊어만 가는데

    어떻게 다가서야할지 눈물만이 흐르는고
    그녀 향한 나의 마음 감출 길이 없네!
    안개꽃 짙은 향기에 나의사랑 보내고
    보고파 외로울때 그녀 향해 손짓하며

    사랑에 울고 있는 나의 첩경捷徑을 찾아서
    오늘도 불러본다. 나의 사랑아
    깊은 마음 깊은 뜻을 알지도 못하고
    나만의 사랑에 도취陶醉하여

    오늘도 후회하며 내일을 기다리는데
    마음속 깊은 곳에 그리움만 쌓이고
    언제 그녀에게 사랑한다는
    말 한마디 할 수 있을지 알 수가 없네
                       [그녀를 사랑하고도] 전문

노래조 4행시 낭만적 연가풍의 시 마치 하이네의 사행시 읽는 것 같은 서정감이 음악성을 잘 살려 구가된 7.5조의 변형으로 운율의 특징을 나타냈다. 그녀, 님을 사랑하면서도 고백하지 못하고 마음속에 지니고 사는 그야말로 그의 속사정을 잘 표현했다. 낭만적 연애시, 소녀적 감상을 못 벗어났으나 잘 읽히어 마음에 스며드는 매력이 있다. 물론 의고적이며 현대감각이 모자란다.

  그 시대는 그 시대 나름의 style이 있다. 습작기의 시인이 이런 의고적 감상의 시를 쓰면 신인다움이나 反詩的 실험성 부족으로 이 시대는 分明 모더니즘이 기조이다. 모더니즘 적 style의 시적 이론에 귀 기울여야 한다.

    깊은 산자락 어둠이 질 때면
    까마귀 이슬 찾아 울어오고
    밤을 누리는 부엉새의 흐느낌에
    소스라쳐 놀라 뒤돌아 보고 걷던
    옛마을로 가는 산길이 그립다

    흐르는 강줄기 친구삼아
    하늘에 눌러앉은 보름달 손잡고
    산등성이 넘어 도착한 그곳은
    하늘과 맞닿은 마을 어귀

    강아지들 짓는 소리에 놀란 닭들의 외침
    바람에 날리어 콧속을 누비는 향내 나는 그을림
    소들은 울어대고 귀뚜라미 반겨주는

돌아본 옛 서정이 그리워 한 폭의 낯선
그림을 그려본다

지난날의 상념에 깊은 마음 내세워
담뱃불 연기 속에 그리움을 그려보고
그 속에 눌러앉아 잊혀가는
작은 우리의 옛모습을 되새기며
그날의 아름다운 자태를 동그랗게 담아본다

　　　　　　　　　　　　[마을 어귀] 전문

 앞의 시와 동계열의 운율과 style을 가지고 있다. 진부해지기 쉽거나 신인경쟁에선 손해 보기 마련이다. 온건하고 감상적인 전원파적 서정주의 유행어투는 권하지 않으나 현대시다운 pattern이나 내재율을 좀더 反詩的 패기와 전위의식도 필요하다.

선녀가 놀다간 흔적
천지가 개벽하고
고귀한 인생을 살다가 가신
선열의 흐느낌

아름다운 자연과 더불어 사는
인생사 이야기
지난 과거 속에 담긴
역사의 흔적

산새 우는 산중에 날아온
까치들의 속삭임

길게 뻗은 강줄기 벗삼아
모래알과 노닐고

장대한 그림과 같은
자연의 숭고함
그 속에 어우러진
지난날의 회상

초가 삼가 지은 집
오두막 같은 팔각정
머나먼 산줄기
바라보고 있노라면
옛 선비의 풍악과도 같은
글 읽는 소리

바람에 휘날려
떨어진 낙엽과도 같은
지나온 시간 속
조상의 속삭임

비문에 새겨진
한 줄 아름다운
시어에 마음두고
한민족 역사의
흐름은 계속된다

[경천대에서] 전문

    회고적 고전적 style과 운율 7연중에 서술어가 확실하고, 끝 연에 핵이나 알맹이가 자신의 생각을 응집시킬 감정의

유로와 선명한 이미지를 간결한 표현으로는 미흡하다.

> 안개가 거목으로 쓰러지는 시간
> 장산 언덕으로 이어지는
> 새벽을 노래하는 사람들의 행렬
> 살아있음 진실로 벅찬 감동이다.
>
> 나무들의 기지개 켜는 소리
> 숲을 흔드는 새들의 기침소리
> 누가 그랬던가 살아가는 것은
> 사랑을 배워가는 일이라고
>
> 한 걸음 물러서야 보이는 진실
> 열린 가슴으로 받아 안은
> 오늘이란 또 다른 역사
> 이제 사랑이라 변명하지 말자.
>
> 천기로 또 다른 길이 열리고
> 꿈은 햇살로 퍼져
> 우주를 품은 듯 전하려
> 수로 같은 희망은 대해로 찾아든다.
>
> [장산의 새벽] 전문

눈에 띄는 뛰어난 구절을 찾아 줄을 긋다 보니 전부가 눈부시다. 안개가 거목으로 쓰러지는 시간은 살아있음으로 진실로 벅찬 감동이다. 살아가는 것은 사랑을 배워가는 일이라고 한걸음 물러서야 보이는 진심만 가지고도 큰 수확이고 감동이다.

엄경덕 시집
그대 그리움 눈물이 되어

인쇄일: 2016년 1월 18일
발행일: 2016년 1월 22일

지은이: 엄경덕
펴낸이: 최경식
펴낸곳: 도서출판 청옥문학사
인쇄처: 세종문화사

등록번호 제10-11-05호
전화: 051-517-6068
E-mail: kyu500@hanmail.net

ISBN 978-89-97805-42-6 03810

값 10,000원

* 이번 작품을 창작하는 데에는 한국예술인 복지재단이 [창작준비금 지원을 통해서 도움을 주셨습니다.

* 잘못 만들어진 책은 본사나 서점에서 바꾸어 드립니다.
  저자와 협의하여 인지는 생략합니다.